TODO CELESTE

All Sky Blue

Kars Karsen

Pen Culture Solutions
1-888-727-7204 (USA)
1-800-950-458 (Australia)
support@penculturesolutions.com

TODO CELESTE
All Sky Blue

Kars Karsen

~ somos hechos para escuchar el rugido silencioso de la naturaleza interior ~

~ we are made to hear the silent roar of the inner nature ~

~ decì lo que pensàs, pero sobre todo lo que sentìs porque no debe de ser un secreto ~

~ say what you think, but above all what you feel because it has not to be a secret ~

~ dar todo no significa perder todo ~

~ to give all does not mean to lose all ~

~ los santificados somos todos, es por eso que estamos viviendo ~

~ the sanctifyed are we all, it is because of that that we are living ~

~ no le digas a nadie lo que tiene que hacer, cada uno tiene su propio saber ~

~ don't say to nobody what she/he has to do, each one has her/his own know ~

~ querer es no pensàr tanto ~

~ to love is not to thìnk much ~

~ hablando la gente se entiende a medias, sintiendo la gente se entiende completamente ~

~ speaking the people understand each other half a way, feeling people understand each other completely ~

~ el magnànimo es aquèl que es generoso ~

~ the magnatnimous is that one that is generous ~

~ no cocines a los demàs, dejalos que sean frescos ~

~ don't cook the others, let them be fresh ~

~ el camino se puede tambièn trotar, cuando sos jòven en tu pensar ~

~ the path can be trotted too, when you are young in your think ~

~ sentir es un estado mayor de sabidurìa ~

~ to feel is a major state of wisdom ~

~ ver a alguien es una forma de querer a ese alguien, aunque no lo conozcas ~

~ to see somebody is a form of loving that somebody, even though you don't know her/he ~

~ un nuevo horizonte se te aparece cuando el horizonte pasado ya lo viviste ~

~ a new horizon appears to you when you already lived the past horizon ~

~ la niñez continùa en tu vida porque te ayuda ~

~ the childhood continues in your life because it helps you ~

~ no se trata de ser filòsofos de la vida sinò filàntropos del vivir ~

~ it is not about being philosophers of the life but philantrophists of the living ~

~ no despiertes al dormido, dejà que se despierte por sì mismo ~

~ don't wake up the asleep, let him/her wake up by him/her-self ~

~ el amar nace con nuestro nacimiento ~

~ to love is born with our birth ~

~ tus convicciones no despiertan a nadie màs que a tì mismo ~

~ your convictions don't wake up nobody else then yoù yourself ~

~ dàte maña pero no seas mañoso como un oso, querido oso ~

~ get things contrived but don't be contrived as a bear, dear bear ~

~ ellos no son niños pero veo niñez en ellos ~

~ they are not children but I see childhood in them ~

~ no creas lo que yo digo, creè en lo que vos decìs ~

~ don't believe what I say, believe in what yoù sày ~

~ los seres humanos no somos superiores a los animales, el error que hacemos en pensarlo es el mismo error que se hizo en el pasado por ciertos humanos que pensaban que eran superiores a otros seres humanos ~

~ the human beings are not superior to the animals, the error in thinking so is the same error that was made in the past by certain humans that thought that they were superior to other human beings ~

~ a los animales no los necesitamos màs ~

~ we don't need the animals anymore ~

~ el que busca sin saber encuentra màs de lo sabido ~

~ the one that searches without knowing finds more of what is known ~

~ la amistad es una vitamina fresca y refrescante ~

~ the friendship is a fresh and refreshing vitamine ~

~ tu pròjimo es aquèl que està pròximo ~

~ your fellow is that one that is near ~

~ no esperes a vivir porque eso es morir ~

~ don't wait to live because that is to die ~

~ dàle soluciones a tu dolor, eso es lo mejor ~

~ give solutions to your pain, that is the best ~

~ sentì y presumì lo que necesitàs para que salga lo mejor de tì ~

~ feèl and presùme what you need so that the best gets out of yoù ~

~ dàle cuerda a lo cuerdo ~

~ dò wind up the sane ~

~ tratar de salvarte es ahogarte, sì darte es salvarte ~

~ to try to save yourself is to drown yourself, to give yourself is to save yourself ~

~ la hada salvada es tu alma ~

~ the saved fairy is your soul ~

~ ayudà y vas a querer ayudar màs ~

~ help and you will want to help mòre ~

~ el estigma es una gran puerta cerrada que hay que romper ~

~ the stigma is a big closed door that we have to break ~

~ dejà que las cosas naturales pasen como quieren suceder ~

~ lèt the natural things occur as they want to occur ~

~ mi abuelita me decìa cuando me dormìa "que sueñes con los angelitos, angelito" ~

~ my grandma said to me when I slept "that you dream with the little angels, little angel" ~

~ la naturaleza me ayuda màs de lo que yo me ayudo a mì mìsmo ~

~ the nature helps me more than what I help myself ~

Nuestro encontronazo con abrazo

our big meeting with embracement

No importa el antecedente, sì importa el presente

it doesn't matter the antecedent, yès matters the present

Desconfiar es odiar, confiar es amar

to mistrust is to hate, to trust is to love

Es el dìa de san Valentìn, què chiquilìn

it is the day of saint Valentine, whàt a boy

Todo celeste, aunque cueste

all sky bluè, whatever takes yoù

Sì què podès

yès thàt yoù càn

No me dejes sòlo porque te olvido

don't leave me alone because I forget you

Què lindos son èstos dìas

hòw beautiful are these days

El amor dà sin que le parezca todo bien

the love givès without it seeming all good

Convertirte en algo no es algo perpetuo

to become in something is not something perpetual

Los niños crecen sin darse cuenta

the children grow up without noticing it

El caminar juntos nos reùne

to walk together gathers us

A la vida no la conducìs, la vivìs nomàs

yoù don't conduct the life, you jùst live it

El gusto de los jugadores es jugar por jugar

the liking of the players is to play for playing

No sòs pequeño, sos ENORME

you are not little, you are ENORMOUS

El tiempo pasado no pasò, se le revelò a tus antepasados

the past time didn't pass, it revealed to your ancestors

Respirar es ahogarte en linda felicidad

to breathe is to drown yourself in beautiful happiness

La gente pasa sin dejarse pasar

the people passes without letting being passed

Esperar viene bien porque te hace pensar

to wait comes good because it makes you think

Hacè bien lo que pensàs del todo

dò well what you thìnk altogether (dò well what you think about the all)

En la naturaleza no hay colores que indiquen peligro

in the nature there are no colors that indicate danger

Empezar de nuevo reconforta

to start/begin again comforts

Confirmà lo que sentìs

confìrm what you feel

Comè lo natural sin triturarlo

eàt the natural without triturating it

Esperar no es parar

to wait is not to stop

Los àrboles llorones no lloran sinò que tienen pelos largos

the weeping trees don't cry bùt they have long hairs

Las banderas nos hacen pensar demasiado

the flags make us think overly

La naturaleza està en y con todo lo bueno

the nature is in and with all the good

Sentàte cuando lo sientas

sìt when you feel doing it

No te dejes desviar

don't let deviate yourself

Los hijos vienen y se van

the offsprings come and they go

Vè lo que te importa màs

seè what matters you more

La biblioteca es un portal de lo ya aprendido

the library is a portal to the already learnt

La conectividad es abrir una posibilidad a la colectividad

the connectivity is to open a possibility to the collectivity

Deshacète de los papeles no necesarios

get rid of the papers not necessary

Muchos papeles hacen papelones

many papers make papers

El vivir es tu destino cercano

the living is your nearby destiny

Tù tambièn vas al màs allà

yoù also go to the beyond

Fuera del espìritu no hay vida

out of the spirit there is no life

El vestirse es una elecciòn ùnica

to get dressed is an unique election

La naturaleza te dà tu velocidad del caminar

the nature givès you the velocity of the walk

En tu camino no necesitàs paradas ni pavadas

in your path you don't neèd stops nor sillinesses

La vida no la podès cambiar, el vivir sì

you càn not change the life, the living yès

Las flores viven en todos los ambientes

the flowers live in all the ambiences

Las fortalezas no se necesitan màs porque no son fuertes fuertes

the fortresses are not anylonger needed because they are not strong forts

La naturaleza te convierte en una estrella que no es estrecha ni derecha

the nature converts you in a star that is not narrow nor straight

Todos nos reìmos a nuestra propia manera

we all laugh on our own proper manner

No hay gente màs bella que otra porque la belleza no discrimina

there is no people mòre beauty-full than another because beauty does not discriminate

La energìa no està centralizada sinò que està disipada

the energy is not centralized bùt it is dissipated

No uses tu hablar como una espada escapada

don't use talk as an escapaded sword

La objeciòn es una buena opciòn

the objection is a good option

Sè valiente sin saliente

bè valiant without projecting

Caminar no aburre porque es una necesidad

to walk doesn't bore because it is a necessity

Los santos son y eran gente del vivir

the saints are and were people of living

Al puerto llegan barcos cargados con vidas con vìveres

to the port arrive ships loaded with lives with victuals

Vè porque puedes ver

seè because you can see

El destino no tiene norte ni sur porque se te viene

the destiny has no north nor south because it comes to you

Somos hechos para escuchar el rugido silencioso de la naturaleza interior

we are made to hear the silent roar of the inner nature

No necesitàs decir lo que hacès de bueno

you don't neèd to say what you dò of good

Sòlo podès estar seguro de tu camino interior

you can ònly be sure about your inner path

No comas lo falso porque es una falsedad tonta

don't eat the false because it is a silly falsity

Las flores son bellas de lejos y de cerca

the flowers are beatiful from afar and up close

Hacer lo simple es fàcil de hacer

to do the simple is easy to do

El desconfiar te lleva al mal camino, confiar te lleva a tu camino

to mistrust brings you to the wrong path, to trust brings you to your path

No necesitàs saber lo que es derecho o torcido, la naturaleza te lo dà bien sabido

you don't need to know what is right or crooked, the nature gives it to you well known

Apresurarte da fastidio, aunque sea un necesario estudio

to hurry yourself gives nuisance, although it is a necessary study

Decì lo que pensàs, pero sobre todo lo que sentìs porque no debe de ser un secreto

say what you think, but above all what you feel because it has not to be a secret

El servicio es una dedicaciòn sin vicio

the service is a dedication without vicious

Dar todo no significa perder todo

to give all does not mean to lose all

El cuerpo fìsico y espiritual està hecho a medida

the physical body and the spiritual are taylor made

No hagas las cosas a medias, pero no te preocupes si asì lo es

don't do things half way, but don't worry if it is so

Aprovechà las oportunidades de dar tus pautas sin pausas

take advantage of the opportunities to give your guidelines without pauses

Los santificados somos todos, es por eso que estamos viviendo

the sanctifyed are we all, it is because of that that we are living

Mezclàte entre la gente porque eso te ayuda a mejor entenderte

mingle yourself among the people because that helps you to better undersand yourself

No revivas las cosas con melancolìa sinò con alegrìa

don't revive the things with melancholia bùt with joy

Cada cosa tiene su funciòn, eso funciona a la pràctica perfecciòn

each thing has it's function, that works in a practical perfection

No te sientas demolido por una defunciòn, cada uno viviò en su dedicaciòn

don't feel demolished by a death, each one lived in her/his dedication

No se puede trasponer una cita, sì se puede hacer una cita nueva

it is not possible to transpose an appointment, yès it is possible to make a new appointment

No le digas a nadie lo que tiene que hacer, cada uno tiene su propio saber

don't say to nobody what she/he has to do, each one has her/his own know

Para hacer algo tenès que moverte algo

to do something you neèd to move yourself something

No hay dirigentes ni gerentes en la vida natural

there are no leaders nor managers in the natural life

Nunca hacès lo de siempre, siempre es diferente

you never dò that of always, it is always different

Preferimos lo que no es abreviado sinò todo aquello que es bien claro

we prefer what is not abbreviated bùt all that that is well clear

Lo preferido es lo bien cuidado, no lo diferido

the preferred is the well kept, not the deferred

Lo que aprendiste en la pràctica no se te va màs

what you learned in practice does not go from you anymore

Valorèmos lo indìgena que llevamos adentro

let's value the indigenous that we carry inside

Llegar a tu destino no es bajarte sinò elevarte aùn màs

to arrive to your destiny is not to get off but to rise yourself even higher

Hacè las cosas con placer, eso es un buen parecer

dò the things with pleasure, that is a good seem

La castidad es una insìpida actividad

the chastity is an insipid activity

Las ideas fijas no te dominan, si no querès

the fixed ideas don't dominate you, if you don't wànt

El agradecer no agrede sinò que CONMUEVE

to thank does not aggress bùt TOUCHES

Todos pertenecemos al mismo grupo, aunque no estemos agrupados

we all pertain to the same group, although we are not grouped

Lo sentido es divertido

the felt is amusing

Cuando estamos entre mucha gente nos silenciamos, respetando a los otros

when we are in between many people we silence, respecting the others

Los bebès confìan en su madre, se sienten en su lugar y hogar

the babies trust their mother, they feel in their place and home

Querer es no pensàr tanto

to love is not to thìnk much

Los hijos vienen y se van

the children come and they go

El èxito verdadero es ser uno mismo

the true success is to be yourself

El esfuerzo es un refuerzo, el gran esfuerzo es un gran refuerzo

the effort is a booster, the big effort is a big booster

El tiempo lo lleva tu subconciente, no el reloj

the time is taken by your subconscious, not the watch

El pajarito anuncia de nuevo la llegada de un de un nuevo dìa

the birdie announces again the arrival of a of a new day

Conocì a alguien que se despertaba de su propio ronquido

I knew someone that woke up from his own snoring

Estoy de acuerdo con el cuerdo

I agree with the sane

Compartir es dar lo que tenès de bueno

to share is to give what you havè of good

No te creas que no podès creer

don't believe that you càn't believe

Las granadas son muy buenas y son ganadas con muchas ganas

the pomegrenades are very good and they are gained with many wishes

De las granadas se hace la granadina, la cual es divina

from the pomegranades the grenadine is made, wich is divine

Los amigos hacen un gran esfuerzo por sus amigos

the friends make a big effort for their friends

Què querès que te diga ?

What do you want me to say to you ?

La vida es una perogrullada dada

the life is a given truism

Hablando la gente se entiende a medias, sintiendo la gente se entiende completamente

speaking the people understand each other half a way, feeling people understand each other completely

El cafè es una cuestiòn de fè

the coffee is a question of faith

Descafeinar al cafè es desenvainar su contenido

to decaffeinate the coffee is to unsheathe it's content

Las venas son carreteras donde corre la sangre sin parar

the veins are roads where the blood runs non-stop

Si paràs el flujo no te vas a parar en la vida

if you stop the flow you will not stand up in the life

Descubrì lo que hay para descubrir

discòver what there is to discover

Con voluntad se puede, aunque sea muy difìcil la cosa no hermosa

with will you can, although the not beautiful thing is very difficult

La verdad es que no sè en lo que se basan

the truth is that I don't knòw what they are based on

No te PREOCUPES de lo que piensan los demàs, OCUPÀTE CON LO TUYO

don't WORRY what the others think, OCCUPATE YOURSELF WITH THE YOURS

NO VUELVAS SIEMPRE AL MISMO TEMA DE LA DESCONFIANZA, POR FAVOR

DON'T ALWAYS COME BACK TO THE SAME THEME OF THE MISTRUST, PLEASE

La moda no es de mujer y de hombre, vestìte como te venga con ganas

the mode is not of woman and man, dress up with the desires that come to you

Siendo tù mismo no hacès nunca ningùn papelòn

being yourself you nèver make a mistake

Estàmos a tiempo en el tiempo

we are on time in the time

Hemos cambiado pero no realmente evolucionado

we have changed but not really evolved

No trates de dominarme porque me caliento

don't try to dominate me because I get angry

Eso es toda una tramuya que tiene que desaparecer

that is all a rigging that has to dissapear

En la amistad no se trata de ganar uno al otro, se trata de compartir

in the friendship it is not about to win one from the other, it is about sharing

Los quìmicos en bebidas y comida nos adiccionan

the chemicals in drinks and food addict us

Las frutas y verduras no nos adiccionan

the fruits and vegetables do not addict us

Estàmos a tiempo en el tiempo

we are on time in the time

Los còdigos de seguridad no dan seguridad

the security codes don't give security

Èsto de la telefonìa se trata de estar en sintonìa y en sincronìa

thìs about telephony is about being in syntony and in synchrony

Chiquitos pero rendidores

tiny but rendering

Hacète maña hasta tu mañana

dò contrive until your morning/tomorrow

Lo que entra sale

what comes in comes out

Si sacàs la foto no estàs en la foto

if you take the photo you are not in the photo

No dejes cambiar tu metabolismo

don't let change your metabolism

No necesitàs un espejo para afeitarte

you don't neèd a mirror to shave yourself

No dejes de manducar bien

don't stop to globbe well

El vinagre es muy saludable

the vinegar is very healthy

El vino vino

the wine came

La corbata es una bata

the tie is a wrapper

Uso cosas que me funcionan

I use things that work for me

Cargàte hasta satisfacerte

load yourself until satisfying yourself

Dejàme tranquilo, no es nada malo el moco, es un lìquido del cuerpo

allòw me to be in tranquility, the mucus is not anything bad, it is a liquid of the body

Las pìldoras no son caramelos

the pills are not candies

Usar el còdigo de tu tarjeta no dà dolor, pero sì cuidado

to use the code of your card gìves no pain, but gives care

Lo natural es todo aquello que te da naturalmente

the natural is all that that gives naturally

Eso lo puedo ver en internet, no te preocupes

that I can see on the internet, do not worry

Si no sabès, preguntà

if you don't know, ask

Sacàle el precio a las cosas buenas

remove the price from good things

Nos vamos marchando

we are leaving marching

Lo bueno es caro pero no muy caro

the good is costly but not very pricey

Si hoy se hace todo no hay mucho para hacer mañana

if everything is done today there is not much to do tomorrow

Las soluciones tuyas son para tì

your solutions are for yoù

Cuando hace el sol es verano

when it is sunny is summer

No està muy firme pero quedò

it is not very firm but it stàyed

Esperà que yo camino contigo

wàit that I walk with you

Yo cargo con lo mìo

I load the mine

La supersticiòn no es mala, no me lo saco

the superstition is not bad, I don't take it off

Salì antes de que cierre la puerta

get out before she/he closes the door

Ayer carguè màs que hoy

yesterday I carried heavier than today

Estàs caminando bien

yoù are walking well

Seguì que te alcanzo

carry on that I reach you

El paso es seguramente seguro

the step is surely sure

El dìa pasado no es pisado

the passed day is not stepped

Eso se està entreteniendo

that is being entertaining

Cuidà lo que es importante

càre what is important

Hay ladrones que son hermanos de policìas

there are thieves that are brothers of policemen

Los pàjaros no tienen problemas en ser escuchados

the birds have no problem in being heard

Acà son muy controladores, no es mucho màs suave

hère they are very contolling, it is not much soft

Habìa un lìder estudiantil que se llamaba Liber Arce, de verdad! en Uruguay

there was a student leader named Liber Arce ('Becoming Free'), in real! In Uruguay

Èl no esta cansado ni casado

he is not tired nor married

A las mujeres hay que saludarlas

the women have to be greeted

Eso no lo sè porque no lo experimentè

that I don't knòw because I did not experience ìt

Lo cierto es verdad

the sure/certain is true

Acà se baja todo el mundo hièr

gets off the whole world

Vamos a volver donde estàbamos

we are going to go back to where we were

Èste lado està demorado

thìs side is delayed

Es la calle màs pròxima

it is the closest street

Es acà, èsta chica entra por èsta puerta

it is hère, this girl enters through thìs door

Eso està màs bien abandonado

that is rather abandoned

Saludà a todo el mundo

greet the whole world

Lo directo es derecho

the direct is straight/right/a right

Avanti bersaglieri che la vitoria è nostra
adelante luchadores/camaradas que la victoria es nuestra

forward combatants/comrades that the victory is ours

No seas chorizo, no comas chorizo

don't be sausage, don't eat sausage

No seas banana, comè banana

don't be banana, eàt banana

El faraòn èra un leòn

the pharaoh wàs a lion

El magnànimo es aquèl que es generoso

the magnànimous is that one that is generous

Desalambrà los cìrculos viciosos que nos encierran

unwìre the vicious circles that lock us up

Captar es entender en forma espontànea e inmediata

to catch is to understand in a spontaneous and immediate way

La amistad es un respeto especial

the friendship is a special respect

No cocines a los demàs, dejalos que sean frescos

don't cook the others, let them be fresh

El camino se puede tambièn trotar, cuando sos jòven en tu pensar

the path can be trotted too, when you are young in your think

Sentir es un estado mayor de sabidurìa

to feel is a major state of wisdom

Ver a alguien es una forma de querer a ese alguien, aunque no lo conozcas

to see somebody is a form of loving that somebody, even though you don't know her/he

Un nuevo horizonte se te aparece cuando el horizonte pasado ya lo viviste

a new horizon appears to you when you already lived the past horizon

La niñez continùa en tu vida porque te ayuda

the childhood continues in your life because it helps you

La memoria la necesitàs para hacer tu propia historia

yoù need the memory to make your own history/story

Me ayuda mucho que la fuerza me siga usando

it helps me much that the force continues using me

El ritmo natural es divino y te hace sentir muy divino

the natural rithm is divine and it makes you feel very divine/phenomenal

Cada uno tiene su ritmo natural y estando juntos se convierten en un concierto acertado

each one has her/his own rithm and being together they convert themselves into a righteous concert

La sociedad no es una suciedad sinò una necesidad existencial

the society is not a dirt because it is an existential necessity

Para lo mejor no necesitàs tener gran valor

for the best you don't need great courage/value

Lo mejor te convierte (CONVIERTE) en lo mejor

the best converts you (CONVERTS YOU) in the best

No se trata de ser filòsofos de la vida sinò filàntropos del vivir

it is not about being philosophers of the life but philantrophists of the living

El momento oportuno es el dado, no el juzgado

the opportune moment is the given one, not the judged one

No despiertes al dormido, dejà que se despierte por sì mismo

don't wake up the asleep, let him/her wake up by him/her-self

Si te viene un bajòn no es porque bajaste un escalòn sinò porque tenès que hacer algo nuevo para tu satisfacciòn

if you are in a down it is not because you went down a step bùt because you hàve to do something new for your satisfaction

La naturaleza no es una droga sinò algo que te otorga

the nature is not a drug bùt something that grants you

Sè condescendiente y conciente de tu cuerpo

bè condescending and conscious about your body

Cada uno toca el instrumento que le toca vivir

each one plays the instrument that turns out to live

El màs allà viene al màs acà para rescatarte

the most there/beyond comes to the most here/close to rescue you

Adivinà lo que te viene divino

guess what comes to you divinely/beautifully/perfectly

No desperdicies lo que te es vital

don't waste what is vital to you

La naturaleza te da la vitalidad necesaria para que puedas cumplir tu misiòn

the nature gives you the necessary vitality for you to fulfill your mission

El amar nace con nuestro nacimiento

to love is born with our birth

Esperà a la muerte viviendo, no durmiendo

await the death living, not sleeping

Dejà que tu conciencia aclare tu primer pensamiento

let that your concience clears up your first thought

No estropees tu vida pensando que tenès que superar a otros

don't damage your life thinking that you have to overcome others

No le dès la espalda a ninguno

don't give the back to nobody

Vivir en sabidurìa es ser pràctico con tu alrededor

to live in wisdom is to be practical with your around

No necesitàs fotos para recordar

you don't need photos to remember

Tus convicciones no despiertan a nadie màs que a tì mismo

your convictions don't wake up nobody else than yoù yourself

Siempre hay un hombro para un hombre

there is always a shoulder for a man

No dejes para el pròximo instante lo que tenès que hacer en èste instante

don't let for the next instant what you have to do in thìs instant

La vida no es una alucinaciòn sinò una visiòn

the life is not an hallucination but a vision

Despertàte a tì mismo, no a los demàs

do wake up your ownself, not the others

El libro de tu vida sòlo lo podès corregir tù mismo

you yourself can only correct the book of your life

Dàte maña pero no seas mañoso como un oso, querido oso

get things contrived but don't be contrived as a bear, dear bear

Recogè pero no seas quisquilloso/a

pìck but don't be picky

No eres estùpido, eres tupido

you are not stupid, you are bushy

Lo ligero no cuesta

the light is not difficult

Tu querer es el oxìgeno de tu vida

your love/want/will/like is the oxygen of your life

Ellos no son niños pero veo niñez en ellos

they are not children but I see childhood in them

El querer es suficiente para tener una visiòn

the love/want/will/like is enough to have a vision

Lo dicho y hecho no se puede resucitar

the said and done can not be resurrected

El propòsito de ellos es de ayudar

the purpose of them is to help

Lo natural no es una obligaciòn, sinò una opciòn

the natural is not an obligation, but an option

Acostàte para descansar, no para dormir

lay down to rest, not to sleep

No està cansado ni casado ni divorciado

she/he is not tired nor married nor divorced

La cuestiòn no es el interès propio sinò el interès egoìsta

the question is not the own interest bùt the selfish interest

El egoìsmo es atrevido

the egoism is disrespectful

Ponète otro buso que èse està sucio

put on another sweater because that one is dirty

No deschaves nunca

don't ever snitch on

No creas lo que yo digo, creè en lo que vos decìs

don't believe what I say, believe in what yoù sày

No cierres el libro de tu vida

don't close the book of your life

Las mujeres no hicieron casi nunca la guerra, casi siempre fueron los hombres, es un machìsmo
barbàrico

the women have hardly ever made the war, hardly always have been the men, it is a barbaric machismo

Esperà hasta la parada

final wàit until the final stop

Todos sabemos la direcciòn de la naturaleza

we all know the direction/address of the nature

Pobre animal, què hicìste con el animal ?

Poor animal, whàt hàve yoù done with the animal ?

Los seres humanos no somos superiores a los animales, el error que hacemos en pensarlo es el mismo error que se hizo en el pasado por ciertos humanos que pensaban que eran superiores a otros seres humanos

the human beings are not superior to the animals, the error in thinking so is the same error that was made in the past by certain humans that thought that they were superior to other human beings

El momento ha llegado de dejar de usar y de comer a todos los animales, èste momento es el momento adecuado de hacerlo

the moment has come to stop the usage and the eating of all animals, thìs moment is the adequate moment to do it

A los animales no los necesitamos màs

we don't need the animals anymore

Podès hacer un anàlisis de tu ascendencia a travès de un muy simple y barato estudio en tu DNA, WEB SEARCH: myheritageDNA

you càn make an analysis of your ancestry by a very simple and inexpensive study in your DNA, WEB SEARCH: myheritageDNA

El que busca sin saber encuentra màs de lo sabido

the one that searches without knowing finds more of what is known

No tenès que saber casi nada para comprender tu vivir

you don't need to know almost nothing to comprehend your living

El dormir en el piso es un vicio muy saludable

to sleep on the floor is a very healthy addiction

De lo peor que te puede pasar es que no entiendas tu propia letra que escribiste, escribì tranquilo para no confundirte luego

of the worst that can happen to you is that you don't understand your own handwriting that you wrote, write tranquil to not confuse yourself later on

El lago del amor es llanito para que no te ahogues

the lake of the love is not profound so that you don't drown

El pigmento de tu interior es màs traslùcido que el del aire

the pigment of your inner is more translucent that the one of the air

Hacè cosas con placer para asì complacer a todos

dò things with pleasure for so to please everyone

El espìritu no se và sinò que se queda con tu vìvida y vivida conciencia

the spirit does not leave bùt it stays with your vivid and lived conscience

El mundo no se unde

the world does not sink

La humanidad es una entendible unidad y amistad

the humanity is an understandable unity and friendship

Avanzà como buscador, no te va a dar dolor

advance as a seeker, it will not give you pain

Encontrà tu placer en el ver

fìnd your pleasure in seeing

El dar es amar sin llorar

the act of give is to love without crying

La amistad es una vitamina fresca y refrescante

the friendship is a fresh and refreshing vitamine

Pagà tus propias cuentas, de eso nos damos mucha cuenta

pay your own account lots, we realize that a lot

No le dès vueltas a las cosas que hicieron los que estàn muertos

don't spin around with the things done by those that are dead

Tu pròjimo es aquèl que està pròximo

your fellow is that one that is near

Llorar es dejar salir y partir a tu dolor

to cry is to let out and let go your pain

No saltees tus pasos a dar

don't skip your steps to give

Dà la mano pero no le aprietes la mano a nadie

give the hand but don't squeeze the hand of nobody

No esperes a vivir porque eso es morir

don't wait to live because that is to die

La barba viene con los años, lo bàrbaro es innato

the beard comes with the years, the fantastic is innate

No esperes a todos los demàs, vos sos el màs

don't wait for all the rest, yoù are the best

El altruismo es un valor muy alto

the altruism is a very tall value

Dàle soluciones a tu dolor, eso es lo mejor

give solutions to your pain, that is the best

Una buena memoria es una base de un espìritu equilibrado

a good memory is one base of a balanced reasoning

Lo bueno no se deja malusar

the good does not let itself being misused

No esperes a la muerte porque eso no es tu buena suerte

don't await the death because that is not your good luck

Dejà que todo salga, no te vas a sentir vacìo

let all get out, you will not feel empty

Animà a tu pròjimo

encòurage your fellow

Yo no quiero cerrar la ventana, la quiero abrir

I don't want to close the window, I want to open it

Lo quemado es malo

the burned is bad

Estoy convencido de que no estoy perdido

I am convinced that I am not lost

No es usar y consumir menos lo malo, se trata de erradicar lo malo

it is not to use and consume less of the bad, it is about to eradicate the bad

Estàmos conectados sin telèfono

we are connected without phone

Que nos maneje la pasiòn y la acciòn, no la agresiòn

that the passion and action drive us, not the aggression

Decir sin mentir

to say without to lie

Ser mentiroso es un oso que te devora a tì y a todos los nosotros

to be a liar is a bear that devours yoù and all of the us

Estar a disposiciòn es una muy buena profesiòn

to be available is a very good profession

La confianza es una actitud que no cansa

the trust is an attitude that does not tire

Dar es una virtud que alcanza

to give is a virtue that reaches/suffices

Ponète el equipaje con todo tu ropaje y salì a correr por la vida estupenda

pùt the luggage with all your garbs and gèt oùt to run for the super life

No te aferres a las cosas fèrreas y feas

don't hold yourself to the ironed and ugly things

Salète de tu linaje y de tu traje para vivir lo salvaje

gèt oùt from your lineage and your suit to live the wild

sentì y presumì lo que necesitàs para que salga lo mejor de tì

feèl and presùme what you need so that the best gets out of yoù

Agarràte a la naturaleza para que lo feo no te agarre

grìp the nature so that the ugly does not grips you

Cuando te invitan es porque te necesitan ver

when they invite you is because they need to see you

Dàle cuerda a lo cuerdo

dò wind up the sane

Cuando algo se afina se termina

when something gets sharp it ends

Los espìritus estàn libres

the spirits are free

Lo brusco es lo que no busco

the rude is what I don't search

No cambies tu vestimenta cuando ella te dà pimienta

don't change your clothing when it gives you pepper

Tratar de salvarte es ahogarte, sì darte es salvarte

to try to save yourself is to drown yourself, to give yourself is to save yourself

Ser simple no es siempre simple para los que se averguenzan de ello

to be simple is not simple for those that embarrase themself because of it

La onda es estar en la onda de la naturaleza

the wave is to be in the wave of the nature

Tratà de hacer que así vas a poder hacer

try to do what so you will be able to do

No te vas a arrepentir de prevenir lo malo

you will not regret to prevent the bad

La hada salvada es tu alma

the saved fairy is your soul

Arreglà tu vida que todo funcionarà

fìx your life that all shall functiòn

Yo digo muchas gracias a la verdad

I say many thanks to the truth

Darte es realizarte

to give yourself is to realize yourself

La destinaciòn tuya es tu destino

your own destination is your destiny

Ayudà y vas a querer ayudar màs

help and you will want to help mòre

El estigma es una gran puerta cerrada que hay que romper

the stigma is a big closed door that we have to break

Dejà que las cosas naturales pasen como quieren suceder

lèt the natural things occur as they want to occur

El grito de liberaciòn es el màs gutural

the shout of liberation is the most guttural

Abrì las puertas y ventanas a todo lo natural, no vas a tener frìo

open the doors and windows to all the natural, you will not have cold

El vinagre turbio de fruta es una maravilla que limpia todo lo que se te ocurra y tengas que limpiar, y
es para tomar tambièn, es muy muy sanito

the cloudy vinegar of fruit is a wonder that cleans what you can think of and have to clean, and is to
drink toò, is very very healthy

Sacà las cosas empaquetadas en plàstico para que no se ahoguen y asì puedan respirar

take out the things packed in plastic so that they don't drown and so can breathe

Dar escuzas es una gran escaramuza

to give excuses is a big skirmish

La llave y clave es poner todo en su lugar

natural the key and code is to put all-in it's natural place

No sos olvidado porque tu nombre queda grabado en el cielo

you are not forgotten because your name stays recorded in the heaven

La naturaleza dà mucho màs de lo que esperàs

the nature givès much more than what you wait for/expect/hope

Comè lo rico porque ya eres rico

eat the rich because you are already rich

Lo bueno es lo natural, lo demàs es lo demàs de màs

the good is the natural, the rest is the rest the but

Usà la izquierda porque no es de guerra, usà la derecha cuando no usàs la izquierda

ùse the left because it is not of war, ùse the right when you dont ùse the left

Lo rojo no dà enojo, no le tengas miedo, simplemente cumple a su puro antojo

the red does not give anger, don't be afraid of it, it simply fulfills at it's pure whim

Los guisos vegetales son tambièn buenos como desayuno

the vegetal stews are also good as breakfast

DEVOLVÈLE TU VIDA A DIOS, DICIÈNDOLE MUCHAS GRACIAS DE CORAZÒN POR LO VIVIDO

GIVE BACK YOUR LIFE TO GOD, SAYING TO HIM MANY THANKS FROM HEART FOR THE LIVED

Mi abuelita me decìa cuando me dormìa "que sueñes con los angelitos, angelito"

my grandma said to me when I slept "that you dream with the little angels, little angel"

No te pelees con la naturaleza, pensà sin tener pereza

don't fight with the nature, thìnk without having laziness

Andà tranquilo que las luces verdes estàn encendidas

go tranquil that the green lights are on

No se necesita correr para llegar

to run is not needed to arrive/reach

Acaricià a las flores, y otra vez màs, y otra vez màs

caress the flowers, and another time more, and another time more

A la gente le gusta escuchar todo lo relativo a la naturaleza y se ponen a pensar

the people likes to listen all the relative to the nature and they start to think

Ella/èl no hacen las cosas sòlo bien, sinò MUY bien

she/hè does not do things only well, but VERY well

Los partidos de fùtbol empiezan a veces tan tarde en la nochecita que los niños y ancianos no lo pueden
ver porque ya estàn descansando acostados

the football matches start sometimes so late in the evening that the children and elderly can not watch
it because they are already resting lying down

No necesitàs aprender las cosas naturales que te ayudan a tì, ellas se te presentan a tì para que asì las puedas usar

you dònt need to learn the natural things that help yoù, they appear to yoù so that you can use them

Si querès dirigir tu vida totalmente por tì mismo en lo que hacès, la naturaleza te lo deja hacer, por supuesto. Otra opciòn es dejar que la naturaleza te siga dando en la PRÀCTICA lo que te viene bien. El seguir èsto ùltimo es una opciòn que tenès y que funciona bàrbaro. Es SIMPLEMENTE una otra opciòn para hacer la operaciòn.

If you want to direct your life totally by yourself in what you dò, the nature lets you do it, of course. Another option is to let the nature keeps giving you in PRACTICE what comes good to you. To follow thìs làst is an option that you have and that works phantastically. It is SIMPLY another option to do the operation.

La naturaleza me ayuda màs de lo que yo me ayudo a mì mìsmo

the nature helps me more than what I help myself

Las citas no se pueden transferir a otro momento, lo que sì se puede es hacer una cita nueva

the appointments can not be transferred to another moment, what càn be done is to make a new appointment

La naturaleza se comunica tambièn a travès de lo que se te OCURRE

the nature communicates too through what ARISES to you

Seguì haciendo las cosas bien hasta que salgan bien de bien

carry on doing things well until they get on very well

Un muy buen amigo desde mi infancia en Uruguay, llamado Ruy, me acaba de escribir por el mòvil: "Sì hay ayuda, es muy positivo. De acuerdo"

a very good friend since my childhood in Uruguay, named Ruy, has just wrote me a message through the mobile: "Yès there is help, is very positive. In agreement"

`